AF371209

ORDONNANCE DV ROY,

PORTANT REGLEMENT
pour la fourniture des Viures par
Eſtappes aux Gens de Guerre,
tant en la Campagne, que dans
les Garniſons. *1636. 26. Mars*

Auec le Taux des Viures qui ſeront payez és
lieux de Garniſon, tant par la Caual-
lerie, que par l'Infanterie.

A RENNES,
Chez FRANÇOIS HARAN, Im-
primeur ordinaire du Roy.

M. DC. XXXVII.

LE Roy ayant recogneu que le payement qu'il a fait faire depuis quelques années à toutes ses Trouppes pour leur subsistance és lieux de leur routte & passage, a esté d'vne excessiue charge à ses Finances ; & qu'encores que l'argent comptant, & le plus clair de son Espargne y ait esté employé, le peuple n'en a pas receu le soulagement que sa Majesté s'estoit promis; & sans l'esperance duquel elle ne se fust iamais portée à changer & reuoquer, comme elle a faict, par son Reglement du 14. Feburier 1633. l'ancien Ordre du fournissement des Estapes, porté particulierement par ses Ordonnances & reglements de l'an 1629.

& autres en consequence : Et les
voullant renouueller & faire obser-
uer à l'aduenir par tout son Royau-
me, elle a resolu le present Reglement, reuoquant celuy dudit iour
14. Feburier 1633. en ce qu'il s'y
trouuera contraire.

PREMIEREMENT.

QVE les Viures seront fournis
par Estapes aux Trouppes de
sa Majesté, tant de cheual que de
pied, par les Habitans des lieux où
elles passeront & logeront, lesquels
viures seront payez par tous les gens
de Guerre, selon le taux cy apres
specifié, lors qu'ils serout dans les
Garnisons : Et lors qu'ils marche-
ront, leur seront fournis dans tous
les lieux de logement, portez par
leur routte, gratuitemẽt, & sans en

rien payer : Et afin qu'il ne fe commette aucun abus en ladite fourniture, & que chacun fçache comme elle debura eftre faicte; Sa Majefté fuiuant fes precedens Reglemens, l'a ordonnée & reiglée comme il enfuit.

Gens - d'Armes.

LE Gen-d'arme prendra pour trois cheuaux; à fçauoir 60. liures de foin, 12. mefures d'auoine, 6. pains de 12. onces chacun cuit & raffis, entre bis & blanc, 4. pintes de vin mefure de Paris creu du lieu, ou 4. pots de cidre ou biere, mefure du lieu, 4. liures de chair, bœuf, veau, & mouton, l'vn portant l'autre.

Le Capitaine prendra pour fix gend'armes; le Lieutenant pour 4. l'Enfeigne pour trois; le Guidon pour trois; le Maréchal des Logis pour deux; les Fourriers & menus Officiers, pour demy gen-d'arme chacun,

Cauallerie Legere, & Cauallerie armée à la Hongroiſe.

LE Cheuau Leger, & le Caual-lier armé à la Hõgroiſe, prendra pour deux; à ſçauoir, 40. liures de foin, 8. meſures d'auoine, 4. pains, & 3. pintes de vin, ou 3. pots de cidre ou biere, comme deſſus, 3. liu. de chair auſſi de meſme.

Et quant aux Membres, le Maiſtre de Camp d'vn Regiment de Cheuaux Legers, & d'vn Regiment de Cauallerie à la Hongroiſe prendra pour ſept Maiſtres; le Capitaine pour ſix. Et d'autant qu'il a eſté jugé par ſa Majeſté à Grenoble, le 17. Feburier 1629. que le Lieutenant du Colonel tiendra lieu de Capitaine, ſuiuant le rang de ſa reception, il prendra l'Eſtappe comme Capitaine, & n'aura point celle de Lieutenant.

Le Lieutenant prendra pour 4. Maiſtres; le Cornette pour trois; le Maréchal des Logis pour deux.

Eſtat Major.

LE Colonel de la Caualerie Legere prendra pour douze cheuaux, à proportion comme deſſus; le Maiſtre de Camp pour neuf; le Maréchal des Logis de ladite Cauallerie, comme vn Lieutenant; les Fourriers & autres menus Officiers chacun la moitié d'vn cheual Leger; le Prevoſt, comme vn cheual Leger; les Archers, comme les Fouriers; Et les Carabins du Colo-

nel, Maiſtre de Camp, & Maréchal
General des logis, quand il y en aura, comme les Fouriers.

Le Commiſſaire à la conduite,
comme vn Cornette.

Carrabins, & Dragons.

L'Eſtape leur ſera fournie comme à vn demy cheuau leger.
Le Maiſtre de Camp General des
Carabins, prendra pour huiĉt carabins; le Maiſtre de Camp d'vn Re-
gimēt de carabins, & d'vn regiment
de Dragons, prendra pour ſept ; le
Capitaine pour ſix ; le Lieutenant
pour quatre; le Cornete pour trois;
le Mareſchal des Logis pour deux;
les Trompettes & menus Officiers,
comme vn carabin.

INFANTERIE.

A Chaque Soldat à pied, deux pains par iour, de la qualité cy deſſus, vne pinte de vin, à reuenir méme meſure de Paris, & creu du lieu, ou vn pot de cildre, ou biere, meſure & creu du lieu, vne liure de chair, de bœuf, veau, & mouton, comme elle eſt par cy deuant ſpeci-ée.

Et quant aux Membres, le Capi-aine prendra pour ſix Soldats, & outre ce quatre-vingt liures de foin & ſeize picotins d'auoine pour qua-re cheuaux.

Le Lieutenant pour quatre, & outre ce quarante liures de foin, & uict picotins d'auoine pour deux cheuaux.

L'Enſeigne pour trois, & outre

ce, quarante liures de foin, & huict picotins d'auoine pour deux cheuaux.

Le Sergent pour deux, & outre ce, vingt liures de foin, & 4. picotins d'auoine pour vn cheual.

Eſtat Major.

LE Maiſtre de Camp, ou Colonel d'vn Regiment d'Infanterie, prendra pour deux Capitaines; le Sergent Major, comme vn Capitaine ; L'Ayde Major, comme vn Lieutenant; le Mareſchal des logis comme vne Enſeigne; l'Aumoſnier comme vn Sergent; le Chirurgien de meſme; le Preuoſt comme vn Enſeigne; le Commiſſaire à la conduitte, comme le Capitaine.

Taux des Viures qui seront payez és lieux de Garnison, tant par la Cauallerie, qu'Infanterie.

LE quintal de foin sera payé par tous les dessusdits à dix sols.

La mesure d'auoine, six deniers.

Le pain de 1 2. onces cuit & rassis, entre bis & blanc, six deniers.

La pinte de vin, mesure de Paris, à vn sol, le pot de cidre ou biere, six deniers.

La liure de bœuf, veau & mouton l'vn portant l'autre, 1 5. deniers.

Et si les danrées se trouuent valloir d'auātage que le prix cy dessus, le surtaux en sera imposé sur toute la generalité, dans l'estenduë de laquelle les lieux de Garnison desdits gens de guerre se trouueront situez pour le remboursement des habitās d'iceux, lesquels pour cét effect se pouruoiront au Conſeil de ſa Majeſté, pour ſur les atteſtations en bonne forme du veritable prix deſdits Viures, obtenir toutes les expeditions neceſſaires pour l'impoſition & leuée dudit ſurtaux.

En tous leſdits lieux de paſſage & logemés portez par les routes deſdits gens de guerre, tout ce que deſſus ſera gratuitement fourny aux effectifs ſeulemét, ſans que les abſens ou aucuns pour eux en puiſſent rien demander, & ce ſous les certificats ou extraicts des Commiſſaires à la conduitte, ou en leur abſence des Iuges des lieux qui y auront l'œil: Et neantmoins par ce que le Roy donne ſouuét permiſſion aux chefs deſdites Compagnies de Gend'armes, cheuaux Legers, carabins, & autres Chefs & Officiers de ſes trou-pes, d'aller en leurs maiſons ſe ra-

fraichir pour quelque temps, à con-
dition de se rendre diligemment en
leur charges, lors que l'ocasion s'of-
fre d'y seruir, & qu'ils laissent ordi-
nairement partie de leur esquipage
pour y reuenir plus promptement,
n'estant raisonnable que ledit équi-
page y demeure sans auoir quelque
moyen d'y subsister, de quoy l'on
pourroit faire dificulté, soubs pre-
texte qu'il est dict qu'il ne sera rien
deliuré qu'à ceux qui se trouueront
effectiuement presens : Sa Majesté
veult & ordonne que les domesti-
ques des Capitaines & Officiers qui
demeureront auprés dudit équipa-
ge, tirent la moitié de ce qu'est specifié cy dessus.

Enuoiront trois iours deuant aduertir de leur passage, auec la route
& l'ordre de l'Estape, afin que l'on
sçache precisémét ce qui doit estre

fourny aux gens de guerre.

Il fera faict vn Ban à l'entrée de chaque logemét, que nul Gendarme, cheuau Leger, carabin & Soldat, n'ait à prendre aucune chofe de fon hofte, fors & excepté les vftanciles ; A fçauoir, le lict, le linge de table, pot, efcuelles, & verre, auec place à fon feu, & à fa chandelle. Et s'ils fe veulent ayder de quelqu'autre chofe, ou prendre d'autre viures & danrées outre ceux qui font portez par le prefent Reglement, ce ne pourra eftre qu'en payant, fans qu'il puiffent contraindre leurs hoftes de les fournir autrement, à peine de punition exemplaire : A quoy tous les Capitaines, Officiers, & Commiffaires tiendront la main, fur peine d'en refpondre en leur propre & priué nom.

Le Sergent Major, ou fon Ayde,

feront tenus prendre l'Eſtape pour la diſtribution aux gens de guerre: Et les Maréchaux des Logis de la caualleríe Legere feront le ſembla-ble, chacun pour leur compagnie.

Mande & Ordonne ſa Majeſté à tous Gouuerneurs, & ſes Lieutenãs generaux en ſes Prouinces & Ar-mées, Colonels generaux de l'In-fãterie & caualerie, Maréchaux, & Maiſtres de camp, Chefs & condu-cteurs de ſes gens de guerre, com-miſſaires à la conduitte d'iceux, de tenir la main à l'execution & publi-cation du preſent Reglemét : Et ce faiſant d'aduertir du iour du paſſage des gens de guerre, & de leur nom-bre, les Threſoriers Generaux de France, auſquels ſa Majeſté enjoint de faire fournir les Viures & Foura-ges neceſſaires auſdits gens de guer-re és lieux de leur paſſage à la raiſon

cy deſſus, ſelon leur nõbre effectif,
& y cõtraindre les particuliers deſdits lieux, & les communautez voi-
ſines, le plus également & commo-
démẽt que faire ſe pourra, ainſi qu'il
a eſté pratiqué cy deuant en conſe-
quence deſdits Reglemẽs de 1629.
Enjoinct ſa Majeſté à tous Preuoſts
des Maréchaux, Viſbaillifs, Vis-Se-
néchaux, leurs Lieutenans, & tous
autres Iuges, de proceder cõtre les
contreuenans au preſent Ordre, ſelon la rigueur des Ordonnances de
ſa Majeſté. Faict à S. Germain en
Laye, le 26. iour de mars 1636.

Signé,   LOVIS.

Ladite Ordonnance a eſté ſignée de Meſ-
ſieurs les Secretaires d'Eſtat, chacun en leur
Departement.

www.ingramcontent.com/pod-product-compliance
Lightning Source LLC
LaVergne TN
LVHW010804180726
843502LV00011B/4338